Novena

SANTA LUCÍA

Por Laila Pita

CORAZÓN
RENOVADO

UN POCO DE HISTORIA

Santa Lucía nace el año 283 en Siracusa, Sicilia. Es festejada el 13 de diciembre. Atributos: espada y ojos en un platón. Patronazgo: ciegos, pobres, niños enfermos. Hija de padres nobles y ricos, educada en la fe cristiana. Su madre enferma la comprometió con un joven pagano, en matrimonio, pero ella había consagrado su vida a Dios desde muy pequeña. Su madre le pidió ir a rezar a la tumba de Águeda de Catania, para ser aliviada. Como su madre sanó le pidió la liberara del compromiso, pero el pretendiente la acusó ante el procónsul Pascasio. Ella le preguntó, qué le gustaba de ella, a lo que él contesto: tus ojos. Con una espada se sacó los ojos y se los entregó en una bandeja de plata, entonces le pidió la liberara del compromiso. Una leyenda dice que aún

2

sin ojos ella podía ver, es por eso que se le considera la patrona de los ciegos, pobres, niños enfermos y de las ciudades Siracusa, Venecia y de Pedro del Monte, también de los electricistas, escritores, cristaleros, cortadores, choferes y afiladores.

MILAGRO

En Puerto Rico a María de Jesús de 21 años, le pronosticaron cáncer de mama, esto fue terrible para ella, porque era muy joven y su vida apenas comenzaba. Desesperada, junto con sus padres, fue a ver a varios médicos, pero todos decían lo mismo. Ella era devota de Santa Lucía, así que pasó días y noches haciéndole oración con toda su fuerza, mientras esperaba el día de su operación. Un poco antes volvieron a practicarle estudios y para sorpresa de todos estaba curada. Desde entonces no ha dejado de dar testimonio sobre el milagro recibido.

ORACIÓN DIARIA

Santa Lucía venerada Señora dame tu amparo de noche y de día. Da luz a mi entender para dejar de padecer. Preciosa Mujer haz que vuelva mi compañía y que regrese a mi corazón la alegría. Santísima Lucía que entregaste a Dios tu vida, nunca me dejes de querer. Permite que lo que se ha ido pueda volver. Lléname de positiva energía, para que no sea sólo una fantasía. Que si no regresa lo pueda entender y que una nueva luz en mi alma se vuelva a encender.

HAGA SU PETICIÓN

Aquí estoy hincado a tus pies. Con la luz de tus quinqués que no tienen comparación alumbra a este humilde feligrés que viene a hacerte esta petición.

Te ruego con todo mi corazón me concedas... (se hace la petición)

Esto es un asunto de interés te suplico tu atención me des. Concédeme lo que te pido en esta ocasión y con tu divina protección me ayudes, para que seas tú siempre mi salvación.

Padre Nuestro, que estás en el cielo, santificado sea tu nombre; venga a nosotros tu reino; hágase tu voluntad, en la tierra como en el cielo. Danos hoy nuestro pan de cada día; perdona nuestras ofensas, como también nosotros

perdonamos a los que nos ofenden; no nos dejes caer en la tentación, y líbranos del mal. Amén.

Dios te salve, María, llena eres de gracia, el Señor es contigo. Bendita tú eres entre todas las mujeres, y bendito es el fruto de tu vientre: Jesús. Santa María, Madre de Dios, ruega por nosotros, pecadores, ahora y en la hora de nuestra muerte. Amén.

Gloria al Padre, al Hijo y al Espíritu Santo. Como era en el principio, ahora y siempre, por los siglos de los siglos. Amén.

DÍA PRIMERO

Reverenciada Santa Lucía gloriosa luz de verdad, usa tu poder para que los ojos de mi espíritu puedan ver con claridad la luz de Dios en todo su esplendor. Digna Señora escucha a este humilde siervo tuyo Mujer de Sagrado resplandor. Ayúdame para que pueda andar el camino con seguridad y poder enfrentar el mundo con dignidad. Apiádate Señora de este pecador, que viene a entregarte esta novena con amor. Santa Lucía que tu luz divina me libre de la oscuridad, para que mis sueños se hagan realidad.

Padre Nuestro, que estás en el cielo, santificado sea tu nombre; venga a nosotros tu reino; hágase tu voluntad, en la tierra como en el cielo. Danos hoy nuestro pan de cada día; perdona nuestras ofensas, como también nosotros

8

perdonamos a los que nos ofenden; no nos dejes caer en la tentación, y líbranos del mal. Amén.

Dios te salve, María, llena eres de gracia, el Señor es contigo. Bendita tú eres entre todas las mujeres, y bendito es el fruto de tu vientre: Jesús. Santa María, Madre de Dios, ruega por nosotros, pecadores, ahora y en la hora de nuestra muerte. Amén.

Gloria al Padre, al Hijo y al Espíritu Santo. Como era en el principio, ahora y siempre, por los siglos de los siglos. Amén.

DÍA SEGUNDO

Señora Divina tienes un corazón caritativo, con su luz miras a todos dando gran incentivo. Hermoso Luceros en la bandeja para a las almas alumbrar y comiencen los ciegos a mirar. Alúmbrame Señora mía para que los ojos de mi mente puedan distinguir lo positivo, para seguir adelante tenga un buen motivo. Reverenciada Santa Lucía sé que contigo puedo contar y que con tu rayo divino junto a mí has de caminar. Haz brillante de mensaje inspirativo y calor reconstructivo, abro mi pecho para dejarte entrar.

Padre Nuestro, que estás en el cielo, santificado sea tu nombre; venga a nosotros tu reino; hágase tu voluntad, en la tierra como en el cielo. Danos hoy nuestro pan de cada día; perdona nuestras ofensas, como también nosotros

10

perdonamos a los que nos ofenden; no nos dejes caer en la tentación, y líbranos del mal. Amén.

Dios te salve, María, llena eres de gracia, el Señor es contigo. Bendita tú eres entre todas las mujeres, y bendito es el fruto de tu vientre: Jesús. Santa María, Madre de Dios, ruega por nosotros, pecadores, ahora y en la hora de nuestra muerte. Amén.

Gloria al Padre, al Hijo y al Espíritu Santo. Como era en el principio, ahora y siempre, por los siglos de los siglos. Amén.

DÍA TERCERO

En el cielo y en la tierra bendita serás por siembre Digna Señora. Esta novena con respeto vengo a entregarte, para rezarte a toda hora. Alúmbrame para que los ojos de mi cuerpo puedan la salud que tú envíes ver con claridad. En cualquier cosa que haga sepa cuál es la realidad. Me presento ante ti con humildad sincera Mujer encantadora, para ti el ruiseñor entona dulce melodía sonora. Divino Lucero de claridad, Virgen Santa de perfecta castidad, con hermosa sonrisa de zarzamora.

Padre Nuestro, que estás en el cielo, santificado sea tu nombre; venga a nosotros tu reino; hágase tu voluntad, en la tierra como en el cielo. Danos hoy nuestro pan de cada día; perdona nuestras ofensas, como también nosotros

perdonamos a los que nos ofenden; no nos dejes caer en la tentación, y líbranos del mal. Amén.

Dios te salve, María, llena eres de gracia, el Señor es contigo. Bendita tú eres entre todas las mujeres, y bendito es el fruto de tu vientre: Jesús. Santa María, Madre de Dios, ruega por nosotros, pecadores, ahora y en la hora de nuestra muerte. Amén.

Gloria al Padre, al Hijo y al Espíritu Santo. Como era en el principio, ahora y siempre, por los siglos de los siglos. Amén.

DÍA CUARTO

Esta novena vengo a entregarte Señora mía, para pedirte tu luz, y mis ojos se renueven día a día. Tú que todo lo puedes con tu poder milagroso, Eterno Lucero de proceder curioso, enciende el quinqué para alumbrarme Bendita Santa Lucía, contagia mi corazón con tu alegría. Guíame con tu calor amoroso, para que me sienta seguro y no temeroso. Eterna Mujer todo lo que viene de ti es poesía. Conviertes sueños en realidades con tu sagrada sabiduría. Déjame acurrucarme bajo la sombra de tu árbol frondoso.

Padre Nuestro, que estás en el cielo, santificado sea tu nombre; venga a nosotros tu reino; hágase tu voluntad, en la tierra como en el cielo. Danos hoy nuestro pan de cada día; perdona nuestras ofensas,

14

como también nosotros perdonamos a los que nos ofenden; no nos dejes caer en la tentación, y líbranos del mal. Amén.

Dios te salve, María, llena eres de gracia, el Señor es contigo. Bendita tú eres entre todas las mujeres, y bendito es el fruto de tu vientre: Jesús. Santa María, Madre de Dios, ruega por nosotros, pecadores, ahora y en la hora de nuestra muerte. Amén.

Gloria al Padre, al Hijo y al Espíritu Santo. Como era en el principio, ahora y siempre, por los siglos de los siglos. Amén.

DÍA QUINTO

Princesa celeste preferiste entregar tus ojos, para mirar un mundo más luminoso, de lo que Dios se siente orgulloso, porque en su Reino tú eres querida. Dame tu luz para que yo pueda ver la belleza de la vida. Con todo lo que contiene este lugar maravilloso. Ayúdame a mirar todo lo que hay valioso. Te ofrezco esta novena con amor y una vela encendida, para que ante ti mi súplica sea bienvenida. Señora de corazón valeroso permíteme acercarme a besar tu manto majestuoso.

Padre Nuestro, que estás en el cielo, santificado sea tu nombre; venga a nosotros tu reino; hágase tu voluntad, en la tierra como en el cielo. Danos hoy nuestro pan de cada día; perdona nuestras ofensas, como también nosotros perdonamos a los que nos

16

ofenden; no nos dejes caer en la tentación, y líbranos del mal. Amén.

Dios te salve, María, llena eres de gracia, el Señor es contigo. Bendita tú eres entre todas las mujeres, y bendito es el fruto de tu vientre: Jesús. Santa María, Madre de Dios, ruega por nosotros, pecadores, ahora y en la hora de nuestra muerte. Amén.

Gloria al Padre, al Hijo y al Espíritu Santo. Como era en el principio, ahora y siempre, por los siglos de los siglos. Amén.

DÍA SEXTO

Divina Señora de gran belleza, has sido Mujer de gran fortaleza. Tomaste una decisión importante, cambiando tus ojos por un amor gigante. Que los Ángeles canten un himno a tu grandeza, linda Señora de labios de cereza. Te entrego esta novena para pedirte en este instante, que enciendas tu luz brillante y con ella yo pueda apreciar los dones de la naturaleza y poder beneficiarme de su gran riqueza. Santa Lucía de porte elegante, escucha mis ruegos Dios mediante. Beso tu mano con delicadeza.

Padre Nuestro, que estás en el cielo, santificado sea tu nombre; venga a nosotros tu reino; hágase tu voluntad, en la tierra como en el cielo. Danos hoy nuestro pan de cada día; perdona nuestras ofensas, como también nosotros

18

perdonamos a los que nos ofenden; no nos dejes caer en la tentación, y líbranos del mal. Amén.

Dios te salve, María, llena eres de gracia, el Señor es contigo. Bendita tú eres entre todas las mujeres, y bendito es el fruto de tu vientre: Jesús. Santa María, Madre de Dios, ruega por nosotros, pecadores, ahora y en la hora de nuestra muerte. Amén.

Gloria al Padre, al Hijo y al Espíritu Santo. Como era en el principio, ahora y siempre, por los siglos de los siglos. Amén.

DÍA SÉPTIMO

Eterna Santa Lucía eres llena de virtud, te entregaste al servicio de Dios en cuerpo y alma desde tu juventud. Con tu divino poder has hecho ver al ciego. Por medio de esta novena que me ayudes te ruego, para que me concedas que mis ojos y todo mi cuerpo gocen de salud. Estaré eternamente lleno de gratitud. Virgen generosa dame sosiego yo a tus pies estaré como tierno borrego. Atiende Santa Señora esta humilde solicitud, mientras contemplo tu dulce mirada de quietud.

Padre Nuestro, que estás en el cielo, santificado sea tu nombre; venga a nosotros tu reino; hágase tu voluntad, en la tierra como en el cielo. Danos hoy nuestro pan de cada día; perdona nuestras ofensas, como también nosotros perdonamos a los que nos

20

ofenden; no nos dejes caer en la tentación, y líbranos del mal. Amén.

Dios te salve, María, llena eres de gracia, el Señor es contigo. Bendita tú eres entre todas las mujeres, y bendito es el fruto de tu vientre: Jesús. Santa María, Madre de Dios, ruega por nosotros, pecadores, ahora y en la hora de nuestra muerte. Amén.

Gloria al Padre, al Hijo y al Espíritu Santo. Como era en el principio, ahora y siempre, por los siglos de los siglos. Amén.

Primorosa Señora das luz al que no ve, al débil y enfermo lo ayudas a ponerte de pie. Vengo a rezarte Señora de diamante fino, para que me ayudes con tu poder cristalino, encendiendo la santa llama de tu quinqué, para que haya luz en mis ojos y en mi vida y caminar sin dar traspié. Agradecido estoy de encontrarte en mi camino, porque sé que tú darás sentido a mi destino. En bendecirte Señora mía siempre voy a hacer hincapié, estas plegarias que te dedico serán mi abecé.

Padre Nuestro, que estás en el cielo, santificado sea tu nombre; venga a nosotros tu reino; hágase tu voluntad, en la tierra como en el cielo. Danos hoy nuestro pan de cada día; perdona nuestras ofensas, como también nosotros perdonamos a los que nos ofenden; no nos dejes caer en la tentación, y líbranos del mal. Amén.

Dios te salve, María, llena eres de gracia, el Señor es contigo. Bendita tú eres entre todas las mujeres, y bendito es el fruto de tu vientre: Jesús. Santa María, Madre de Dios, ruega por nosotros, pecadores, ahora y en la hora de nuestra muerte. Amén.

Gloria al Padre, al Hijo y al Espíritu Santo. Como era en el principio, ahora y siempre, por los siglos de los siglos. Amén.

DÍA NOVENO

Reverenciada Santa Lucía de luz encantadora, eres de los enfermos divina doctora, alumbras su vida cuando les tiendes la mano. Mujer cristalina de eterno verano. Te traigo esta novena con amor para pedirte, que cada día me bendigas con tu luz sanadora. Señora de almas buenas pescadora, permite que siempre sea un hombre sano, cada mañana los ángeles en tu honor toquen el piano. Bendita Señora eres bella como la aurora, mantendré encendida siempre tu veladora, para recibir tu luz de corazones consoladora.

Padre Nuestro, que estás en el cielo, santificado sea tu nombre; venga a nosotros tu reino; hágase tu voluntad, en la tierra como en el cielo. Danos hoy nuestro pan de cada día; perdona nuestras ofensas,

24

como también nosotros perdonamos a los que nos ofenden; no nos dejes caer en la tentación, y líbranos del mal. Amén.

Dios te salve, María, llena eres de gracia, el Señor es contigo. Bendita tú eres entre todas las mujeres, y bendito es el fruto de tu vientre: Jesús. Santa María, Madre de Dios, ruega por nosotros, pecadores, ahora y en la hora de nuestra muerte. Amén.

Gloria al Padre, al Hijo y al Espíritu Santo. Como era en el principio, ahora y siempre, por los siglos de los siglos. Amén.

ORACIÓN FINAL

Santa Lucía Dios puso en la cuenca de tus ojos dos luceros y en la charola de plata dos brillantes candeleros, para alumbrar el camino que lleva a encontrarse con el destino. Das compañía a los solteros y reúnes a los casados, para que sean compañeros duraderos. Agraciada Santa Lucía milagrosa, tu rayo de luz es divino. Mujer de donaire delicado y femenino, acuérdate de mí y protégeme, para no tener sentimientos pasajeros. Esta novena te entrego con todo mi corazón con honores sinceros.

Padre Nuestro, que estás en el cielo, santificado sea tu nombre; venga a nosotros tu reino; hágase tu voluntad, en la tierra como en el cielo. Danos hoy nuestro pan de cada día; perdona nuestras ofensas, como también nosotros

perdonamos a los que nos ofenden; no nos dejes caer en la tentación, y líbranos del mal. Amén.

Dios te salve, María, llena eres de gracia, el Señor es contigo. Bendita tú eres entre todas las mujeres, y bendito es el fruto de tu vientre: Jesús. Santa María, Madre de Dios, ruega por nosotros, pecadores, ahora y en la hora de nuestra muerte. Amén.

Gloria al Padre, al Hijo y al Espíritu Santo. Como era en el principio, ahora y siempre, por los siglos de los siglos. Amén.

Papá Dios: que tu sabiduría nos guíe; que tu luz ilumine nuestro camino; que tu amor nos de paz; que tu poder nos proteja, y que por donde quiera que caminemos, tu presencia nos acompañe. Gracias Papá Dios que ya nos oíste. Amén.

www.ingramcontent.com/pod-product-compliance
Lightning Source LLC
Chambersburg PA
CBHW070636150426
42811CB00050B/323